Tobias Düsterdick

Begünstigt die massenmediale Berichterstattung über School Shootings Nachahmungstaten?

Eine annähernde Argumentation

GRIN Verlag

Bibliografische Information der Deutschen Nationalbibliothek:

Die Deutsche Bibliothek verzeichnet diese Publikation in der Deutschen National-
bibliografie; detaillierte bibliografische Daten sind im Internet über http://dnb.d-
nb.de/ abrufbar.

Impressum:

Copyright © 2012 GRIN Verlag GmbH
Druck und Bindung: Books on Demand GmbH, Norderstedt Germany
ISBN: 978-3-656-35875-6

Dieses Buch bei GRIN:

http://www.grin.com/de/e-book/208323/beguenstigt-die-massenmediale-berichter-
stattung-ueber-school-shootings

Name: Tobias Düsterdick

Seminar: Kinder – und Jugendschutz im Bereich Medien

Begünstigt die massenmediale Berichterstattung über School Shootings Nachahmungstaten?
- Eine annähernde Argumentation-

Was haben die Orte Erfurt, Winnenden, Emsdetten oder Columbine gemeinsam? Sie waren allesamt Schauplatz für schwere Gewaltverbrechen, die in der weiten Öffentlichkeit unter dem Begriff *Amoklauf* bekannt sind. Sie erschütterten einen Großteil der Gesellschaft und riefen fast reflexartig Reaktionen der Politik hervor, mit denen zukünftig Verbrechen dieser Art verhindert werden sollten. Zunächst sollte eine Begriffsspezifizierung vorgenommen werden. Vom malaiischen Wort *meng-âmok* abgeleitet beschreibt dieser Terminus einen spontanen Ausbruch von Gewalt, bei welcher eine Person in scheinbar blinder Wut wahl- und planlos Menschen angreift und zu töten versucht. Taten dieser Art sind als eine Form des erweiterten Suizids zu werten, denn am Ende steht stets der Tod des Angreifers, welcher von jenem selbst fest eingeplant ist.[1]

Somit ist der Terminus Amok im Kontext von schweren Gewaltverbrechen an Schulen ungeeignet, da diese Definition mit dem typischen Tathergang nicht deckungsgleich ist. Das ist damit zu begründen, dass der benannten Art von Straftaten zumeist eine akribische und langfristige Planung in Bezug auf Ort, mögliche Opfer und Tathergang vorausgeht. Ebenso ist der Tod des Angreifers nicht die Regel, da er in ca. 70 % der Fälle festgenommen wird und somit die Tat überlebt.[2]

Eine mögliche und sinnvoll erscheinende Begriffsbestimmung ist stattdessen der angloamerikanische Terminus *School Shooting*. Jenem liegt die Definition „Tötung oder Tötungsversuche durch Jugendliche an Schulen, die mit einem direkten und zielgerichteten Bezug zu den jeweiligen Schulen begangen werden"[3] zugrunde.

Bei School Shootings übernehmen die Massenmedien in Form von Rundfunk, Fernsehen, Internet und Zeitungen etc. bewusst zwei Funktionen. Zum einen sind sie bestrebt, das gewaltig erscheinende öffentliche Interesse an solchen Verbrechen befriedigen zu wollen. Zum anderen sind sie aber ebenso Vertreter eigener wirtschaftlicher Interessen, weswegen z.B. Auflagenerhöhungen stets erwünscht sind und angestrebt werden. Beide Aspekte sind fast untrennbar wechselseitig miteinander verbunden.

Somit ist höchstwahrscheinlich die wochenlange, zuweilen als offensiv und spektakulär zu bezeichnende, Berichterstattung über School Shootings zu erklären. Der *Spiegel* widmete sich 2002

---

1 vgl. Scheithauer / Bondü 2011, S. 15
2 vgl. Robertz / Wickenhäuser , S. 19
3 Pollmann 2008, S. 57

beispielsweise in einem Leitartikel ausführlichst dem Leben des Erfurter School Shooters Robert Steinhäuser.[4] Als weiteres Beispiel kann die *BILD* im Fall des aus Winnenden stammenden Tim Kretschmer angeführt werden. Dessen Privatleben wurde 2009 wochenlang von Journalisten beleuchtet und veröffentlicht, wobei selbst vor intimsten Details nicht Halt gemacht wurde.[5]

Diesem dualen Wechselspiel entspringt das Resultat, dass Massenmedien als eine kultur- sowie identitätsprägende Institution anzusehen sind. Hinzu kommt die Tatsache, dass sie für nicht wenige Menschen die einzige verhältnismäßig einfache Möglichkeit darstellen, zumindest für kurze Zeit Berühmtheit zu erlangen und sich somit selber zu verwirklichen. Somit erscheint es nicht verwunderlich, dass in den letzten 15 Jahren vermehrt medientaugliches Verhalten beobachtet werden kann. Beispielhaft können hierbei Sendungen wie *Deutschland sucht den Superstar* oder *Das Supertalent* angeführt werden. Dies wirft fast unweigerlich die Frage auf, ob insbesondere das genannte Resultat des dualen Wechselspieles im Falle von School Shootings die Wahrscheinlichkeit für Nachahmungstaten erhöht. Oder überspitzt gefragt: Sind „ermordete Lehrer und Schüler als Kollateralschaden der Massenkultur"[6] zu betrachten?

Es muss zunächst festgehalten werden, dass es eindeutige beweisende oder widerlegende wissenschaftliche Fakten bis jetzt noch nicht zu geben scheint. Somit müssen Indizien für die folgende Argumentation ausreichen.

Zunächst soll die epidemiologische Seite solcher Delikte betrachtet werden. Dabei fällt auf, dass bis zum Ende des letzten Jahrtausends School Shootings fast ausschließlich ein Problem der USA waren. Der Wendepunkt für diese Gegebenheiten ist scheinbar am 20. April 1999 zu finden. An diesem Tag töteten der damals 18-jährige Eric Harris und der 17-jährige Dylan Klebold an der Columbine High School zunächst 12 Schüler, einen Lehrer und anschließend sich selbst. Diese Tat führte zur ersten groß angelegten internationalen Berichterstattung über ein Verbrechen dieser Art.[7]

Begründbar wird die These, wenn die Jahre 1999 bis 2007 bezüglich School Shootings analysiert werden, weil weltweit ein sog. *Nachahmungssog* feststellbar wird. So war im Monat April bzw. am Jahrestag des School Shootings von Columbine eine Clusterbildung von Taten dieser Art zu verzeichnen, insbesondere in Deutschland und Kanada. Dabei muss bedacht werden, dass diese Clusterbildung vor 1999 nicht zu beobachten war.[8]

Ein weiteres stützendes Indiz ist, dass zwischen School Shootern und ihren Nachahmern zahlreiche Ähnlichkeiten, z.B. in Hinblick auf Details im Tatablauf wie der Kleidung, ihrer sozialen Stellung vor dem Delikt sowie im Bereich der Persönlichkeit vorzufinden sind. Ebenso verwiesen Täter häufig in Blogs, Tagebucheinträgen oder Verhören auf vorherige School Shootings, i.B. auf das in

---

4 vgl. Brinkbäumer et. al. 2002, 68 - 80
5 exemplarisch vgl. Ley / Brandenburg / Winterstein 2009, S.1
6 Göricke 2002, S. 2
7 vgl. Robertz / Wickenhäuser 2008 S. 13 ff.
8 vgl. Konstinsky / Bixler / Kettl 2001, S. 994 ff.

Columbine, als eine Form der Inspiration. Es scheint somit, dass diese Tat eine Art Blaupause für viele folgende darstellt, was die These dieses Essays stützt.[9]

Ebenso auffällig ist es, dass beispielsweise Eric Harris und Dylan Klebold in einigen Personenkreisen gewissermaßen eine Art Kultstatus erreicht haben. So äußerte beispielsweise der School Shooter von Emsdetten Sebastian Bosse in seinem Webblog: „Eric Harris ist Gott! Daran gibt es keine Zweifel."[10] Auch fanden T-Shirts und Sammelkarten mit dem Konterfei der Täter sowie einige ihrer persönlichen Gegenstände, sog. *Murderabilia*, t.w. großes Kaufinteresse.

Zum einen muss hierbei festgehalten werden, dass die beiden Täter von Columbine wohl nie diese Popularität erreicht hätten, wenn es nicht eine derart großangelegte Berichterstattung gegeben hätte. Zum zweiten wurden in Blogs etc. überwiegend Bilder oder Videos verwendet, die aus der Presse entnommen worden sind. Die in Folge dessen t.w. entstandene Ikonisierung der Täter erhöht die Wahrscheinlichkeit, dass sich potenziell gefährdete Jugendliche mit Personen wie Eric Harris identifizieren und sie sich als Vorbild nehmen. Es erscheint somit naheliegend, dass durch die massenmediale Berichterstattung die Wahrscheinlichkeit für eine Nachahmungstat gestiegen ist.[11]

Eine weitere Möglichkeit, die These zu bekräftigen oder zu widerlegen besteht darin, den möglichen Zusammenhang zwischen Nachahmungstaten und massenmedialer Berichterstattung zu skizzieren. Dafür erscheint ein psychologischer Denkansatz sinnvoll. Das ist damit zu begründen, dass er durch seine Modelle eine strukturierte und kategorisierende Sichtweise auf komplexe Problematiken erlaubt. Allerdings ist damit der Nachteil verbunden, dass menschliches Denken und Handeln u.U. zu stark vereinfacht dargestellt wird. Ebenso ist anzumerken, dass Modelle niemals die objektive Realität darstellen, sondern vielmehr nur eine mögliche Sichtweise, die bestimmte Aspekte stärker betont und andere wiederum nicht.

Das naheliegenste Modell scheint die *Sugesstionshypothese* zu sein, die auch als *Imitations* – oder *Werther-Effekt* bekannt ist. Sie besagt, dass der Konsum von Mediengewalt aller Art, die Wahrscheinlichkeit erhöht, diese selber durchzuführen bzw. nachzuahmen.[12]

Trotz der durchaus vorhandenen stützenden Indizien aus dem Bereich der Suizidforschung muss kritisch angemerkt werden, dass ein einfaches Stimulus-Response-Modell der Komplexität menschlichen Denkens und Handelns sowie Entwicklungen nicht gerecht wird. Beispielsweise vernachlässigt die Suggestionshypothese moderierende Faktoren im Bereich der Umwelt und im Menschen selbst. Somit ist diese Wirkungshypothese hinsichtlich ihrer Aussagekraft als zu limitiert zu bewerten.

Dieser Denkweise folgend, müssen zur Erklärung von Nachahmungstaten aufgrund medialer

---

9 vgl. Robertz / Wickenhäuser 2008 S. 16 ff.
10 Robertz / Wickenhäsuer 2008, S. 174
11 vgl. Coleman 2004, S. 20
12 vgl. Kunzcik / Zipfel 2006, S. 94

Berichterstattung mehr Variablen herangezogen sowie höchstwahrscheinlich vorhandene Wechselwirkungen zwischen diesen bedacht werden. Deswegen empfiehlt sich die Verwendung des *General Aggression Model (GAM)*. Es handelt sich hierbei um einen integrativen Ansatz, der die Ideen der *kognitiven Lerntheorie* bzw. des *sozialen Lernens*, der *Exitation-Transfertheorie*, das *Konzept des Primings* sowie die *Skript-Theorie* miteinander vereint.[13]

Darauf aufbauend wird in diesem Modell angenommen, „dass die Ausübung von Gewalt v.a. auf dem Lernen, der Aktivierung und der Anwendung aggressionsbezogener, im Gedächtnis gespeicherter Wissensstrukturen basiert."[14]

Das GAM setzt sich aus vier Komponenten zusammen. Das sind die Input-Variablen, gegenwärtiger innerer Zustand, Einschätzungs- und Bewertungsprozesse sowie schlussendlich die daraus folgenden Handlungen.

Die Input-Variablen lassen sich unterteilen in Personen- und Situationsmerkmale. Erstgenannte sind Wesenszüge eines Menschen, wie z.B. Intelligenz, Neigung zu Aggressivität, vorhandene Handlungsskripte sowie Einstellungen. Bei überlebenden und verhinderten School Shootern sowie ihren Nachahmern konnte herausgefunden werden, dass sie über ein reges sowie gewalthaltiges Phantasieleben verfügen. Somit ist eine überdurchschnittlich starke Neigung zu aggressivem Verhalten wahrscheinlich. Ebenso wurde herausgefunden, dass sich die Täter i.a.R. über eine längere Zeit mit der Tat befasst haben und dass dadurch bereits vor dem School Shooting Handlungsskripts vorhanden waren.[15]

Ein weiterer entscheidender Aspekt ist jener, dass bei School Shootern überdurchschnittlich häufig u.a. eine narzisstische Persönlichkeitsstörung festgestellt wurde. Dieses Krankheitsbild ist gemäß DSM-IV beispielsweise dadurch charakterisiert, dass die Betroffenen übermäßig stark auf die Anerkennung anderer angewiesen sind. Überdies reagieren sie i.a.R. überaus empfindlich auf Kritik. Dies führt nicht selten zu Wutanfällen, die auch als *narzisstische Wut* bekannt ist, sowie auf längere Sicht gesehen zu starken Allmachts- und Rachefantasien. Die genannten Verhaltensweisen dienen dazu, einen instabilen Selbstwert zu stabilisieren.[16]

Unter den bereits erwähnten Situationsvariablen werden u.a. aggressive Schlüsselreize wie Schmerz oder Provokation gezählt. Die bereits erwähnte langanhaltende sowie intensive Berichterstattung über School Shootings kann als ein stetiger bzw. sich häufig wiederholender Schlüsselreiz interpretiert werden.

Ebenso erleiden bzw. empfinden Angehörige dieser Tätergruppe bereits lange vor der Tat ein großes Maß an sozialer Missachtung, Demütigung und Ungerechtigkeit. Außerdem wird

---

13 aufgrund der Begrenztheit der Seitenzahl wird auf eine weiterführende Erklärung der Modelle verzichtet; für
   weiterführende Informationen: vgl: Kunzcik / Zipfel 2006, 149ff., 168ff, 175 - 178 sowie 178 -183
14 Kunczick / Zipfel 2006, S. 134
15 vgl. Anderson et. al. 2003, S.97
16 vgl. Faust 2010, S. 113 ff.

unterdurchschnittlich wenig soziale Unterstützung durch die Täter wahrgenommen, weswegen sie sich i.a.R. als Außenseiter fühlen bzw. es auch sind. Die genannten Gegebenheiten sollten aber stets im Kontext einer wahrscheinlich vorhandenen narzisstischen Persönlichkeitsstörung sowie weiteren Wechselwirkungen gesehen werden.

Diese Variablenkomplexe können das innere Befinden einer Person über drei Wirkungspfade beeinflussen, welche sich ebenso reziprok beeinflussen. Zu diesen zählt z.b. die Kognition eines Menschen. So führt die ausgiebige massenmediale Berichterstattung bei potenziellen Nachahmungstätern dazu, dass ihre i.a.r. bereits vorhandenen aggressiven Skripte häufig aktiviert werden, was zu einer *chronischen Zugänglichkeit* von diesen führen kann. Dadurch ist es möglich, dass Situationen in der Schule stetig vor dem Hintergrund eines möglichen School Shootings betrachtet werden, weil durch die permanente Aktivierung gewaltbezogener Skripte eine Veränderung der Wahrnehmungsschemata stattfindet. Dieser Aspekt konnte beispielsweise bei Sebastian Bosse sicher nachgewiesen werden.[17]

Überdies erleichtert die i.d.R. äußerst detailreiche Berichterstattung über den Ablauf eines School Shootings, wie es z.b. in Columbine der Fall war, die Tatplanung, da bereits Informationen über einen möglichen Ablauf vorhanden sind. Somit liegt eine potenzielle Veränderung im Bereich der Verhaltensskripte vor.[18]

Ein weiter Wirkungsweg ist der des Affektes. Hierbei lässt sich festhalten, dass der gesellschaftlich große Widerhall eines School Shootings für Personen mit einer stark narzisstischen Persönlichkeitsstruktur potenziell sehr reizvoll ist. Zum einen kann durch die Projektion eigener Rache -und Allmachtsfantasien eine Form stellvertretender Befriedigung empfunden werden, weil die Gewissheit gefestigt wird, mit solchen Taten Macht und Kontrolle über das Leben anderer zu erlangen. Untermauert wird diese Hypothese dadurch, dass bei über 60 % der School Shooter Rache als Hauptmotiv nachgewiesen werden konnte. Dieser Effekt scheint umso stärker zu wirken, je ähnlicher sich Täter und Rezipient sind. Das ist damit zu begründen, dass durch die vorhandene Similarität Übertragungsprozesse erleichtert werden.

Zum anderen winkt durch die ebenso bereits beschriebene mediale Ikonisierung postume Popularität, was ebenfalls von zahlreichen stark narzisstischen Persönlichkeiten angestrebt wird. Diese These wird durch den Fakt unterstützt, dass die Planungs – und Vorbereitungsphase in Form von Tagebüchern, Notizen, Webblogeinträgen oder Videoaufnahmen akribisch dokumentiert wird. Täter hoffen, dass diese auf mediales Interesse stoßen und somit die eigene postume Popularität steigern wird. Dies spricht für eine potenzielle Veränderung von Erwartungsschemata.[19]

Schlussendlich existiert noch der Wirkungspfad der Erregung bzw. des Arousals. Durch die

17 vgl. Robertz / Wickenhäuser 2008, S. 100 ff.
18 vgl. Pollmann 2009, S. 110
19 vgl. Faust 2010, S. 113 f.

Berichterstattung kann unter den erläuterten Umständen eine als positiv empfundene physiologische Erregung ausgelöst werden. Dies kann die Motivation für den Beginn oder auch Fortführung der Planung stärken. Wenn das der Fall ist, ist eine Veränderung im Bereich Verhaltensskripte anzunehmen.[20]

Die letzte Variable im GAM sind die Einschätzungs -und Bewertungsprozesse. Durch das Zusammenspiel der Inputvariablen sowie Wirkungspfade kann die massenmediale Berichterstattung für potenzielle Nachahmer u.U. als eine Form der positiven Verstärkung empfunden werden. Durch die daraus eventuell resultierende enthemmende Wirkung kann entweder planmäßig mit der Vorbereitung einer Nachahmungstat begonnen werden oder bereits existierende Anstrengungen werden intensiviert. Ebenso kann als spontane Reaktion eine bereits vorbereitete Tat realisiert werden.

Verstärkend kommt hinzu, dass die Effekte des GAM nicht nur kurzfristiger Natur sind, sondern langfristig gesehen kumulierend wirken und somit die Wahrscheinlichkeit einer Nachahmungstat dauerhaft erhöhen können. Das ist damit zu begründen, dass die durch die Berichterstattung u.U. ausgelösten Handlungen in der Lage sind, die Inputvariablen derart zu verändern, dass dadurch handlungsfördernde Gegebenheiten weiter verstärkt werden.[21]

Das GAM stößt allerdings auch an Grenzen. So macht es keine Aussagen über die Stärke der einzelnen Faktoren sowie ihre Wechselwirkungen. Überdies gibt es bei der Nachahmung von School Shootings handlungsfördernde Gegebenheiten, die kein Effekt der Berichterstattung sein können. So verbessern Berichte nicht die praktische Kompetenz mit Waffen umzugehen. Ebenso erleichtern sie auch nicht den Zugang zu diesen. Diese Form der Argumentation lässt sich auf zahlreiche weitere Mosaiksteine anwenden, wie z.B. den Erziehungsstil der Eltern oder den Grad der Anerkennung und Integration einer Person in seiner sozialen Umgebung.

Nichtsdestotrotz scheint das GAM in vielerlei Hinsicht vorteilhaft für die Erklärung von Nachahmungtaten aufgrund von massenmedialer Berichterstattung zu sein. So berücksichtigt es zahlreiche Aspekte der Entwicklung von Nachahmungtaten, sowie deren wechselseitige Interaktion. Schlussendlich macht es durch seinen zyklischen Aufbau das Prinzip der *zirkulären Kausalität*[22] ersichtlich. Ebenso können die Grundelemente des GAM in ihren Kernaussagen als bewiesen angesehen werden. Somit ist es möglich, mithilfe dieses Modells den Zusammenhang zwischen massenmedialer Berichterstattung über School Shootings sowie Nachahmungtaten seriös zu skizzieren. Es kann somit als ein stark bejahendes Argument im Kontext der Fragestellung dieses Essays angesehen werden.

Werden die Schlussfolgerung aller erläuterten Gegebenheiten gegeneinander aufgewogen, so kann

---

20 vgl. Robertz / Wickenhäuser 2008, S. 100 ff.
21 vgl. Vossekuil 2002, S. 24 ff.
22 für eine weiterführende Erklärung: vgl. Gröne 1997, S. 230 - 238

festgehalten werden, dass es nicht möglich ist, einen kausalen Zusammenhang zwischen der Berichterstattung über School Shootings und deren Nachahmungstaten zu ziehen. Aber es muss ebenso festgehalten werden, dass der momentan übliche Umgang der Massenmedien mit Gewaltverbrechen dieser Art „auf bestimmte Personen und unter bestimmten Bedingungen einen negativen Effekt haben"[23] kann, nämlich in der Form, dass er einen Faktor unter vielen darstellt. Daher kann auch gesagt werden, dass durch Jugendliche ermordete Mitschüler und Lehrer etc. nur sehr bedingt als ein Kollateralschaden massenmedialer Berichterstattung anzusehen sind. Somit sollte auf diese grundsätzlich auch nicht verzichtet werden.

Dennoch sollte über die Art und Weise des Umgangs der Presseorgane mit dem Thema School Shooting dringend nachgedacht werden, da ein sensiblerer Umgang notwendig erscheint. Ratsam wäre es z.B., auf die zumeist übliche, vereinfachte Darstellung von Ursachen und Tatmotiv zu verzichten. Ebenso erscheint es wenig vorteilhaft, mit Bildern der Delinquenten oder der Opfer etc. zu versuchen, Emotionen beim Rezipienten zu erzeugen. All dies erleichtert die Identifikation von potenziell gefährdeten Jugendlichen mit dem Täter. Vielmehr sollte eine sachliche, sich auf die Fakten beschränkende Berichterstattung angestrebt werden. Das allein ist zwar keine Gewähr dafür, dass Nachahmungstaten verhindert werden, aber die Wahrscheinlichkeit dafür kann weiter reduziert werden.[24]

---

23 Elstermann / Buchwald 2008, S. 33
24 vgl. Elstermann / Buchwald 2008, 38ff

Literaturverzeichnis

Anderson, C. A., Carnagey, N. L., & Eubanks, J. (2003). *Exposure to violent media: The effects of songs with violent lyrics on aggressive thoughts and feelings*. Journal of Personality and Social Psychology, 84, 960-971.

Brinkenbäumer, K., Cziesche, D., Hoppe, R., Kurz, F., Meyer, C., Repke, I., Röbel, S., Smoltczyk, A., Wassermann, A., Winter, S. (19 / 2002): *Das Spiel seines Lebens*. In: Spiegel 68 – 80.

Coleman, C. (2008): *The copycat-effect. How the media and popular culture trigger the maythan in tomorrows headlines*. 1. Auflage. New York: Paraview.

Elstermann, H. Buchwald, P. (2009): *Amokläufe und schwere Gewalt an deutschen Schulen – Stand der Dinge*, Examensarbeit (abrufbar unter: http://www.petra buchwald.de/ExamensarbeitAmok.pdf, am 16.08. 2012)

Faust, B. (2010): *School-Shooting. Jugendliche Amokläufer zwischen Anpassung und Exklusion*. 1. Auflage. Gießen: Psychosozial-Verlag.

Gröne, M. (1997): *Bulimie – Wie lasse ich meine Bulimie verhungern? Ein systemischer Ansatz zur Beschreibung und Behandlung der Bulimie*. 2. Auflage. Heidelberg: Carl-Auer-Verlag.

Göricke, J (14.05.2002): *Die Massenkultur gebiert ihre Amokläufer*. In: Süddeutsche Zeitung Beilage, S. 1.

Kostinsky, S., Bixler, E.O., Kettl, P.A. (2001): *Threats of School Violence in Pennsylvania After Media Coverage of the Columbine High School Massacre. Examing the Role of Imitation*, in Archives of Pediatrics and Adolescent Medicine 155, 994 – 1001.

Kunczik, M.; Zipfel, A. (2006): *Gewalt und Medien – Ein Studienhandbuch*. 5. völlig überarbeitete Auflage. Stuttgart: UTB-Verlag.

Ley, J.; Brandenburg, G., Winterstein, T. (13.09.2009): *Amoklauf von Winnenden: Am Abend vor dem Amoklauf guckte Tim K. Pornos!*. In: Bild, S.1.

Pollmann, E. (2008): *Tatort – Wenn Jugendliche Amok laufen.* 1. Auflage, Marburg: tectum-Verlag.

Robertz, F. J., Wickenhäuser, R.P.(2008): *Der Riss in der Tafel: Amoklauf und schwere Gewalt in der Schule.* 1. Auflage. Berlin München Heidelberg: Springer-Verlag.

Scheithauer, H. / Bondü, R. (2011): *Amoklauf und School Shooting -Bedeutung, Hintergründe und Prävention.* 1. Auflage. Göttingen: Vandenhoeck & Ruprecht.

Unterholzner, Bernhard (2007): *Bekennerschreiben. Kommunikation als Ereignis.* Saarbrücken: VDM Verlag.

Vossekuil, B. (2002): *The final report and findings of the safe school initiative. Implications for the prevention of school attacks in the united states.* Washingten D.C.